Rainar Nitzsche:
Klang über den Meeren der Zeit

Der Autor

Dr. Rainar Nitzsche wurde am 27.12.55 in Berlin geboren, ging im Saarland zur Schule und lebt in Kaiserslautern, wo er Biologie studierte und über Brautgeschenke bei Spinnen promovierte. Er ist gelernter Buchhändler und gründete 1989 den Rainar Nitzsche Verlag. Seit 2015 veröffentlicht er seine Bücher als Autor bei BoD, bookrix und neobooks.

Bisher von ihm erschienen (Jahreszahl der Erstausgabe): LYRIK: *wir ... menschen der erde* (1982), *Die Zeit der Bäume* (1992), *OM oder das Rauschen der scheinbaren Leere* (1994), *Klang über den Meeren der Zeit* (1996), *Ewig sein in Stille* (2006). PROSA: Die Pfadwelten: *Der Leuchtende Pfad des Magiers* (1998), *Wandlungen der Drei* (2004), *Wüsten-Berges-Himmels-Weiten* (2005), *Ins All - Im Eins* (2005). Sammelbände fantastischer Kurzprosa: Die Mondin»trilogie«: *Ruf der Mondin* (1992), *Im Licht der Vollen Mondin* (1996), *Mondin-Schein und Sein* (2001); *Aton - Vater Sonn* (2001), *Still riefen uns die Sterne* (2001), *Spiegelwelten deiner Seele* (2001), *Von Engeln, Erleuchtung und Ewigkeit* (2006), *Spinnentraumgespinste* (2007), *Das Schlafende steht auf aus seinen Träumen* (2010). Unter dem Pseudonym Olaf Olsen: *Die Meere des Wahnsinns* (2005), *Höllen-Fahrten-Leben-Träume* (2005), *ES bricht hervor aus dir* (2006).

Seit seiner Jugend fotografiert Rainar Nitzsche vor allem Insekten und Spinnen, die sich in seinen Sachbüchern, u. a. *Spinnen-Spiegelungen in Menschen-Augen* (2004), *Spinnen kennen lernen* (2012), *Spinnen lieben lernen* (2013), *Spinnen-Sex und mehr (2015),* aber auch verfremdet in seinen Kunstbüchern wiederfinden: u. a. *Spinnenkunstwelten 2* (2010), *Spinnen fantastisch verfremdet* (2016). Weitere neuere Kunstbücher: *Aliens* (2016), *Höllenkunst* (2017).

Rainar Nitzsche

Klang über den Meeren der Zeit

Stille Lyrik

Die Deutsche Nationalbibliothek verzeichnet diese Publikation in der Deutschen Nationalbibliografie; detaillierte bibliografische Daten sind im Internet über dnb.d-nb.de abrufbar.

Impressum
Rainar Nitzsche
Klang über den Meeren der Zeit
2. überarbeitete Auflage
Textausgabe mit Kunst von Rainar Nitzsche
(1. Auflage: Harald Fuchs, Rainar Nitzsche:
Klang über den Meeren der Zeit, 1996
im Rainar Nitzsche Verlag erschienen)
Computersatz: Dr. Rainar Nitzsche
Fotos und Verfremdung: Dr. Rainar Nitzsche

© 2017 Herstellung und Verlag:
BoD – Books on Demand, Norderstedt
ISBN 9783738643411

Inhalt

Über den Meeren 7

NATUR
UM UNS UND IN UNS

Unter dem Winde 10

Frühling 11

KRIEG
GEGEN NATUR UND MENSCH
HIER UND DORT - INNEN UND AUSSEN

Stille 14

Fragment 15

Wir weinen 16

Frost 17

Nacht 18

Danach 19

Trauer 20

LIEBE
SEHNSUCHT UND GLÜCK UND TRAUER

Liebe ist 22

In der Stille der Nacht 23

Feuer 24

Liebe	25
In der Tiefe	26

Lichterklang und Sternengesang

Ich - wir	28
Worte	29
Metameer	30
Einst	31

Träume von anderen Welten

Wenn	34
Ich sah	35
Die träumenden Götter	36

Stille

Atre	38
Leichtes und Schweres	39
Sage dir	40

Über den Meeren

klang liegt
über den meeren
der zeit

NATUR

UM UNS UND IN UNS

Unter dem Winde

unter dem winde liegen
auf den grünen wiesen der erde

pflanze sein
die sonne trinken

Frühling

so bricht
das leben hervor

aus den knospen der zweige
und durch die erde

KRIEG

GEGEN NATUR UND MENSCH

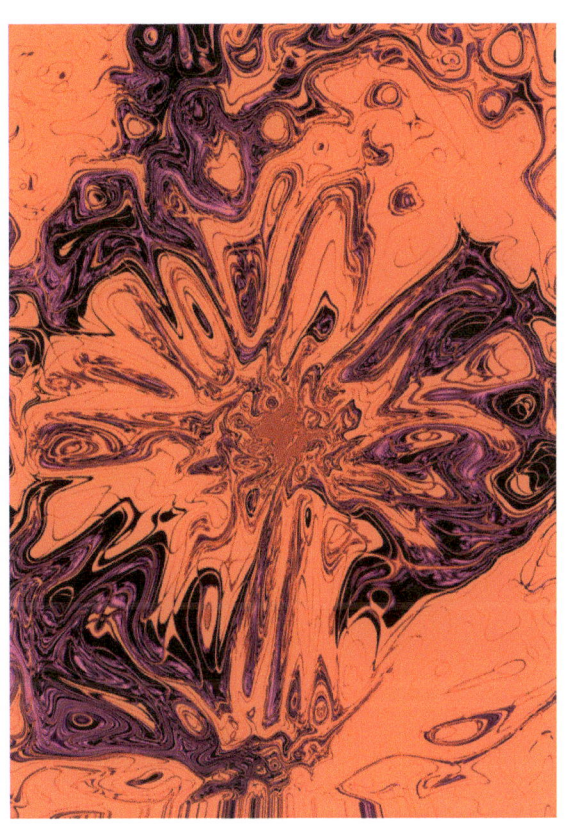

HIER UND DORT – INNEN UND AUSSEN

Stille

stille

wird sein

über den meeren

der erde

Fragment

wir sind
das licht der welt

sprachen sie

und brachten dunkelheit
über die erde

Wir weinen

wir sehen sie
fallen

und fallen
und weinen

wir sehen sie brennen
und schreien

und unsere hände ballen fäuste
aus denen die liebe bricht

frieden
schreien unsere münder
in das schweigen
der menschen um uns

Frost

und dann
kam die kälte

und die kälte wuchs
und die kälte war

nichts lebte mehr
nichts mehr

nur kälte
in uns

Nacht

nacht
senkte sich nieder

nacht ist aus dem morgen gefallen
aus den gläsernen scherben

splitternd fiel nacht
mir ins gesicht

Danach

und zerstoben
die träume

und zerbrochen
die kraft

Trauer

ich habe geworfen in die erde
meine trauer

so wuchsen empor
die tränen

zu einem tosenden meer
zu einem ewigen schrei

in mir

LIEBE

SEHNSUCHT UND
GLÜCK UND TRAUER

Liebe ist ...

liebe ist
wie ein spiegel
der unsere schönheit zeigt

also tanzen wir
lachend empor

In der Stille der Nacht

in der stille der nacht
hab' ich geweint
denn du
warst nicht bei mir

in der stille der nacht
hab' ich geschrien
denn dich
gibt es noch nicht

in der stille der nacht
bin ich zerbrochen
denn ich
war ohne liebe

Feuer

es ist wie ein feuer
es ist ein feuer

und dein blick
schweift nicht ab

und du siehst
ihre lippen und ihr haar
und ihre augen so sanft

es ist ein feuer in deinem herzen
oh nein! ein feuer in deiner seele

Liebe

nimm mich
in deine flügel
aus lachen

hülle mich ein
in dein leben

In der Tiefe

in der tiefe
deines herzens

fand ich
meinen namen

Lichterklang und Sternengesang

Ich - wir

meine stimme schreit ICH BIN
und erde erbebt

mein geist brüllt ICH BIN
und sonn erzittert

unser geist singt WIR SIND
und all bricht auf
ein lichtermeer

Worte

worte

wie schnee

in wüstenträumen

sch

    mel

        zen dahin

vor diesen dingen

Metameer

dort liegt ES
und träumt die ewigen träume

dort liegt ES und träumt
am grunde des metakosmischen meeres

und seine träume sind blasen
die steigen auf
die sammeln sich im metameer

eine blase nennen wir kosmos

Einst

einst
sang ein stein
ein lied

und das lied
ergriff den geist
von wesen

und die musik entstand
auf der erde
bei den menschen

TRÄUME

VON ANDEREN WELTEN

Wenn

wenn

DAS SCHLAFENDE

erwacht

aus seinen träumen

endet

die welt

Ich sah

ich sah die wolken nicht
ich sah die sterne nicht fallen

denn ich lag in tiefem schlaf
und träumte meinen traum
der tausend welten

wie blasen stiegen auf
wie licht
gedanken
aus schwarzem stillen meer

Die träumenden Götter

irgendwann irgendwo
fand ich sie in meinen
verlor ich mich in ihren
träumen träumen
träumen?

schlafend trieben sie dahin
auf leuchtend grünen wolken
aber ihre augen sah ich nicht
zuckten hinter goldenen lidern

S*TILLE*

Atre

am anfang
war
das feuer

und das feuer
schrie kraft

und die kraft wuchs
mit der wärme
in uns

Leichtes und Schweres

leicht ist es
macht zu haben
und sie zu gebrauchen
keine macht zu haben
und sie nicht zu gebrauchen

schwer ist es
keine macht zu haben
aber sie zu gebrauchen

macht zu haben
aber sie nicht zu gebrauchen

dies strebe an!

Sage dir

ich
magier der erde

sage dir

werde stille!
werde du!

Belletristik von Rainar Nitzsche

Lyrik

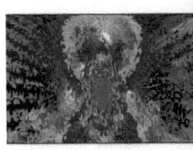

Ewig sein in Stille. Meditative Lyrik. 2. überarbeitete Auflage, 124 Seiten, ISBN 9783741261312 und E-Book. Rainar Nitzsche / Berthold Mallmann. 1. Auflage nummeriert, handsigniert, limitiert auf 50 Exemplare, 120 Seiten mit 21 Grafiken, ISBN 9783930304264.

Klang über den Meeren der Zeit. Nummeriert, handsigniert, limitiert auf 300 Exemplare, 72 Seiten mit 31 Grafiken, 26 Gedichten, ISBN 9783930304073 sowie vorliegende Ausgabe und E-Book.

OM oder Das Rauschen der scheinbaren Leere. Meditative Lyrik. 2. überarbeitete Auflage, 204 Seiten, ISBN 9783744869003 und E-Book. 1. Auflage nummeriert, handsigniert, limitiert auf 300 Exemplare, 80 Seiten, ISBN 9783930304028.

wir ... menschen der erde. Reprint der ersten Auflage, 128 Seiten, ISBN 9783744818629 und E-Book.

Die Zeit der Bäume. 2. überarbeitete Auflage, 44 Seiten, ISBN 9783744814652 und E-Book. 1. Auflage nummeriert, handsigniert, limitiert auf 300 Exemplare, 60 Seiten mit 23 Grafiken und 26 Gedichten, ISBN 9783980210249.

Weitere Infos auf der Homepage des Autors unter www.nitzscheverlag.de

Fantastische Kurzprosa

Ruf der Mondin. Lieder der Nacht. 62 Seiten, ISBN 9783980210256 sowie als E-Book erhältlich.

Im Licht der Vollen Mondin. 132 Seiten, ISBN 9783930304042 sowie als E-Book erhältlich.

Mondin-Schein und Sein. 176 Seiten, ISBN 9783930304127 sowie als E-Book erhältlich.

ATON Vater Sonn. Taggeschichten. 184 Seiten, 50 handsignierte, nummerierte sowie weitere Exemplare, ISBN 9783930304097 sowie als E-Book erhältlich.

Spiegelwelten deiner Seele. Spiegelgeschichten. 125 Seiten, 2. überarbeitete Auflage ISBN 9783741252006 sowie als E-Book erhältlich. 1. Auflage: 50 handsignierte, nummerierte Exemplare, ISBN 9783930304271.

Still riefen uns die Sterne. Kosmische Geschichten, 164 Seiten, 50 handsignierte, nummerierte und weitere Exemplare, ISBN 9783930304295 sowie als E-Book erhältlich.

Von Engeln, Erleuchtung und Ewigkeit. Meditative Kurzprosa. 3. überarbeitete Auflage, 149 Seiten, ISBN 9783741266621 und E-Book. Rainar Nitzsche / Harald Fuchs, 2. Auflage, 144 Seiten, ISBN 9783930304783.

Das Schlafende steht auf aus Seinen Träumen. Fantastische Kurzprosa. Vampire, Fabelwesen, Parallelwelten, 122 Texte, 30 Abbildungen, 204 Seiten, ISBN 9783930304776.

Spinnentraumgespinste. Spinnenträume und Spinnenbegegnungen. Mit über 80 verfremdeten Fotos sowie Grafik vom Verfasser. 2. überarbeitete Auflage. 164 Seiten, ISBN 9783930304707.

Märchens Geschichte. Neue Phantastik- und Horrorgeschichten. 63 Storys, 27 Autoren, 220 Seiten, ISBN 9783930304011.

Dreimal Horror von Olaf Olsen kurz und schmerzhaft mit Illustrationen von Rainar Nitzsche:

Die Meere des Wahnsinns. Wenn sich die Grenzen verschieben. Nummeriert, handsigniert, limitiert auf 50 Exemplare, 78 Seiten, ISBN 9783930304301 sowie als E-Book erhältlich.

Höllen-Fahrten-Leben-Träume. Nummeriert, handsigniert, limitiert auf 50 Ex., 156 Seiten, ISBN 9783930304318 sowie als E-Book erhältlich.

ES bricht hervor aus dir. Nummeriert, handsigniert, limitiert auf 50 Exemplare, 106 Seiten, ISBN 9783930304493 sowie als E-Book erhältlich.

Die Pfadwelten

Die fantastische Reise von Manfred, einem Magier mit der Fähigkeit sich in andere Lebewesen zu verwandeln. Sein Weg durch die Bioregionen der Erde auf der Suche nach seiner großen Liebe im Kampf mit einem schwarzen Wesen aus der Welt T-Her:

Der Leuchtende Pfad des Magiers. PFAD 1, 186 Seiten, handsigniert, nummeriert, limitiert auf 200 Exemplare, ISBN 9783930304035 sowie Neuauflage als Taschenbuch ISBN 9783743113763 und E-Book.

Wandlungen der Drei. PFAD 2. 194 Seiten, handsigniert, nummeriert, limitiert auf 50 Exemplare, ISBN 9783930304134 sowie Neuauflage als Taschenbuch ISBN 9783743196001 und E-Book.

Wüsten-Berges-Himmels-Weiten. PFAD 3, 180 Seiten, handsigniert, nummeriert, limitiert auf 50 Exemplare, ISBN 9783930304172 sowie Neuauflage als Taschenbuch ISBN 9783743159600 und E-Book.

Seelenreisen von Menschen- und Arachnoiden, ES, Katzen und einem Schneckenwesen durch Raum und Zeit bis zur Vereinigung der Sieben und zur Erleuchtung:

Ins All - Im Eins. PFAD 4. 208 Seiten, handsigniert, nummeriert, limitiert auf 50 Ex., ISBN 9783930304141 sowie Neuauflage als Taschenbuch ISBN 9783743172883 und E-Book.

Der Schneckenkönig von Alexa E. Bach. Auf der Suche nach seinen Untertanen begegnet eine intelligente Schnecke den wunderlichsten Lebewesen in einer menschenleeren Welt, die von Ameisenvölkern beherrscht wird. 76 Seiten, ISBN 9783842355873 und E-Book.